AF257419

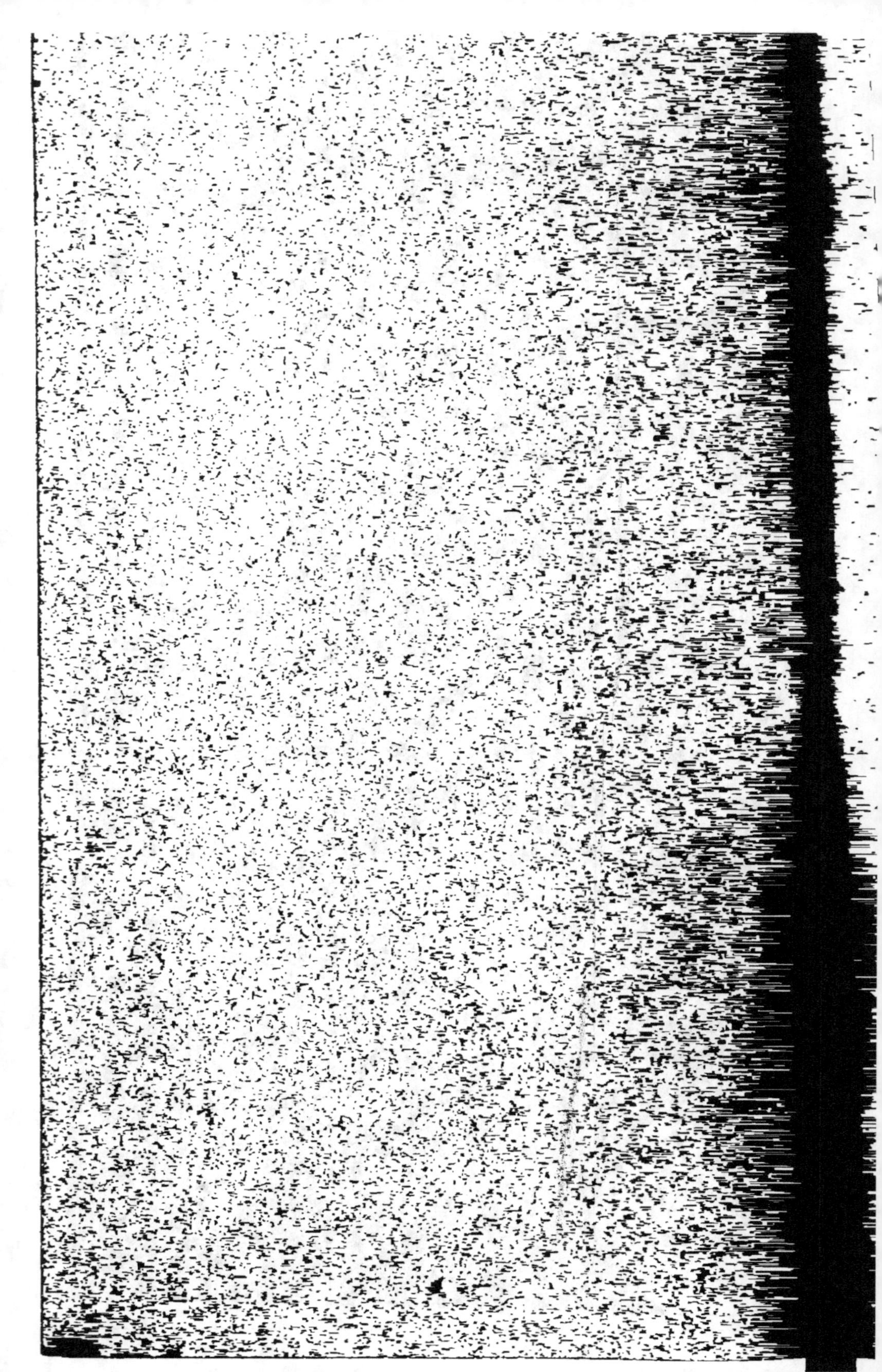

L'ÉCOLIER

CONVERTI.

LETTRE.

PARIS.

MIMPRIMERIE D'AD. LE CLERE ET Cⁱᵉ,

QUAI DES AUGUSTINS, Nº 35.

—

1827.

AVERTISSEMENT.

———

Nous possédions depuis long-temps la lettre que nous faisons paroître aujourd'hui. L'impression salutaire que sa lecture a souvent produite sur la jeunesse confiée à nos soins, nous a fait désirer de multiplier ses heureux effets. Nous la communiquerons donc à quelques maisons d'éducation, et aux personnes qui voudroient s'en édifier. Qui sait si la grâce ne la fera pas tomber entre les mains de quelque jeune infortuné, esclave volontaire de ses passions, et si elle n'excitera pas dans son ame une émotion imprévue, des remords, des résolutions généreuses?

Nous osons dire que cet écrit porte avec lui dans sa naïveté le témoignage irrécusable de son authenticité et de sa vérité. Cette considération nous a empêchés de changer bien des tours et des expressions que l'élégance et la pureté du style avoueroient difficilement.

L'ÉCOLIER CONVERTI.

LETTRE.

Vous jugez donc, Monsieur, que ce que je vous ai raconté des circonstances de la vie et de la mort de mon frère pourra contribuer à la gloire de Dieu. Vous m'ordonnez de l'écrire; vous avez tout droit à mon obéissance : sans cela, quoi qu'on eût pu me dire, jamais je ne m'y serois déterminé.

Mon frère Louis-Armand vint au monde en 1742. Je ne me rappelle de ses premières années que son opiniâtreté invincible, la malice de son caractère, son horrible effronterie dans le mensonge, son aversion pour notre digne mère.

Tous les jours c'étoient nouveaux chagrins de la part de ce malheureux enfant; il tenoit mille mauvais propos; il voloit tout ce qui lui convenoit, et dans sa maison et dans celle des voisins. Si on le mettoit en pénitence, il s'évadoit; on étoit trois ou quatre jours sans savoir ce qu'il étoit devenu, toute la famille étoit alarmée. On exhortoit mon père et ma mère à solliciter pour le faire enfermer; les ordres venoient, la tendresse paternelle en différoit toujours l'exécution.

On obtint pour lui, au collège de Louis-le-Grand, qui pour lors étoit sous la direction des PP. Jésuites, une des bourses fondées pour les langues orientales. Comme l'enfant avoit beaucoup d'esprit, de facilité et de mémoire, on se persuada qu'il seroit bientôt en état de passer en pays étranger. On fut trompé, il n'apprenoit rien, et malgré tous les soins et la vigilance de ses maîtres, dont j'ai été témoin, il devint si libertin, si débauché, que sa santé s'altéra tous les jours de plus en plus ; il eut, tout jeune qu'il étoit, des attaques de goutte des plus violentes ; toutes ses jointures étoient nouées ; il fut réduit à un état de phtisie et de maigreur affreuse ; une fièvre lente le minoit sourdement ; son haleine et toute sa personne jetoient une odeur infecte. On découvrit trop tard ses malheureuses inclinations ; on travailla avec zèle à le ramener à la vertu ; tout fut inutile. Enfin on manda à ma mère de le retirer, si elle ne vouloit pas le voir honteusement chassé du collége. Ce coup accabla ma mère ; en proie déjà à de vifs chagrins.

Mon père, le plus respectable des pères, nous avoit été enlevé depuis quelque temps par la mort la plus subite. Ma mère restoit veuve avec six enfans, quatre garçons et deux filles. Louis-Armand étoit le plus jeune : tous, excepté lui, sont encore existans ; nous possédons encore notre respectable mère.

Ce fut en janvier 1757 que Louis-Armand rentra chez ma mère ; elle le le traita avec toute la douceur possible. Mes frères vivoient près d'elle, tâchoient par leurs conseils de rectifier son caractère. J'étois desservant d'une paroisse très-voisine ; il venoit quelquefois m'y voir. Je faisois ce que je pouvois pour gagner sa confiance ; mais avec moi il affectoit la folie, il me disoit des choses qui n'avoient aucune suite : je le croyois insensé, il étoit fourbe.

Ma mère ne savoit que faire : le renfermer, c'étoit l'avis général ; elle ne pouvoit s'y résoudre. Il y avoit dans les environs un maître d'écriture très-renommé ; on l'y mit en pension. Mon frère l'avoit demandé, sollicité ; il avoit tout promis, on céda. Bientôt il vint des plaintes de toutes parts ; tous les jours il arrivoit des nouvelles plus épouvantables.

J'étois depuis peu vicaire dans la ville épiscopale. Ma mère m'écrivit : elle me confioit ses alarmes ; elle finissoit par m'engager à laisser venir près de moi mon malheureux frère. Elle vouloit le mettre chez un maître d'écriture qui tenoit pension sur la paroisse. Elle croyoit que ma vigilance le contiendroit, que mes conseils le changeroient. Cette lettre me jeta dans un embarras extrême. Ma mère pressoit, exigeoit ; elle avoit coutume de compter sur ma soumission.

J'osai cependant lui représenter à quoi elle m'exposoit. Nous avions une parenté nombreuse dans la ville ; j'avois besoin, pour mon ministère, d'une bonne réputation : si mon frère se déshonoroit, la honté en rejailliroit nécessairement sur moi, sur les nôtres. Tout ce que je pus dire fut inutile; ma mère le voulut. J'en étois très-affligé, mais j'obéis.

Armand arriva donc à sa pension. Il me vint voir; je le reçus avec toute la cordialité, toute la tendresse, je le puis dire, avec toute la compassion qu'il méritoit de ma part. Je lui fis sentir tout ce qu'il se devoit à lui-même, ce qu'il devoit faire par attention au moins pour moi. Je le pressai surtout de revenir à Dieu. Je lui parlai de sa santé, qui étoit dans un délabrement qui me faisoit trembler pour ses jours. Il étoit étique; il avoit une toux et une petite fièvre continuelles. Je lui peignis l'état affreux de son âme; je le devinois, car il avoit toujours menti sur cet article, et il mentoit encore.

Je n'osois dire à personne que j'avois un frère dans la même ville; je le laissois à sa pension; je ne le présentai à qui que ce fût. J'allois quelquefois me promener avec lui hors des murs; je lui promettois de le mener dans la société, quand sa conduite me permettroit de l'avouer sans rougir.

Il prit le parti de me tromper; il fit l'hypocrite. Il arrive chez moi un jour pour dîner; il m'embrasse, il m'assure qu'il veut changer, il me prie de lui donner un confesseur. C'étoit un jeu, il me l'a dit depuis, mais il jouoit la franchise supérieurement.

J'avois confié mes peines sur son sujet au prêtre le plus respectable de la ville, vicaire-général du diocèse, et mon directeur. Je souhaitois ardemment qu'il tombât entre les mains de cet ecclésiastique; je ne doutois pas qu'un saint tel que lui n'obtînt tout de la miséricorde de Dieu; mais je n'osai m'ouvrir à mon frère; seulement je lui dis : « Mon ami, » voilà les vêpres qui sonnent à la ca-

» thédrale ; monte au jubé, demande à
» Dieu qu'il t'éclaire ; jette les yeux sur
» tous les chanoines, et choisis, pour te
» conduire, celui en qui tu remarqueras
» plus de piété, de modestie, de reli-
» gion. » Je l'embrassai en pleurant. Il
partit sans autre vue que de me com-
plaire ; il n'auroit été à confesse que
pour commettre un crime de plus. Il
monte au jubé ; il n'y prie point, il re-
garde par pure curiosité. Il remarque
cependant qu'un des chanoines l'empor-
toit sur tous ses confrères en recueillement et en piété.

Un moment après, il arrive chez moi,
me dépeint cet ecclésiastique. Je lui dis
que je comprenois, que c'étoit un de nos
grands-vicaires. Je l'engageai doucement
à lui faire visite sur-le-champ ; il y consentit. Mon Dieu ! votre grâce préparoit
tout, tandis qu'il ne vouloit que vous
outrager.

Nous arrivons chez M. l'abbé D. L. G.
il étoit et mon confesseur et mon ami.
Après l'avoir salué respectueusement, je
lui dis : « Monsieur l'abbé, j'ai l'honneur
» de vous présenter un de mes frères, de-
» puis peu en cette ville : il désire se
» mettre sous votre direction ; il y a lieu
» de croire que Dieu veut que vous lui
» serviez de père, et j'ose vous le deman-
» der instamment avec lui. » M. l'abbé,
avec cet air doux et modeste qui charme,
lui dit : « Monsieur, je consens à ce que
» vous demandez de moi, permettez ce-
» pendant que j'y mette une petite con-
» dition. » J'aperçus que la grâce terras-
soit mon frère ; son cœur fut ému sensi-
blement : mon Dieu ! soyez-en à jamais
béni ! « Monsieur, répondit-il en trem-
» blant, et cependant avec ce ton éner-
» gique que je lui ai toujours connu,
» Monsieur, ordonnez, je suis prêt à faire
» tout ce qu'il vous plaira. » M. l'abbé

se jette à son cou, l'embrasse tendrement.
« Mon enfant, que je sois votre ami au-
» paravant; ensuite je serai bien volon-
» tiers votre confesseur. » Le jeune
homme ne put y tenir; il versa des larmes, remercia très-affectueusement.
Peu après nous nous retirâmes; je le re-
conduisis à sa pension. En chemin, il
me parut toujours plus touché de la douceur, du ton, des manières de son confesseur futur.

Ce vénérable ecclésiastique, qui sait
combien il importe de ne pas laisser
éteindre les premiers feux de la grâce,
eut la charité, une heure après, d'aller
lui rendre sa visite. Ce fut dans cet entretien qu'il acheva de le gagner, qu'il lui
présenta les moyens de revenir à Dieu,
qu'il acquit toute sa confiance. Le lendemain, de grand matin, mon frère arrive
chez moi, me parle avec ravissement de
M. l'abbé, m'avoue qu'il avoit eu des-

sein de me tromper, me jure que dès à présent ses projets de conversion sont sincères, qu'il veut être à Dieu. Ma joie étoit à son comble.

Dès ce moment, je fus tranquille ; je laissai à M. l'abbé le soin de consommer son ouvrage, ou plutôt celui de la grâce. Avec quelle force elle opéra dans mon frère ! quelle ferveur de conversion ! quel amour pour Dieu ! son cœur en étoit visiblement pénétré ; ses expressions étoient vives et animées. Malgré sa mauvaise santé, il étoit plein de courage, rien ne l'arrêtoit pour le service de Dieu.

La veille de l'Assomption, sur les trois heures, il entra chez moi : « Mon frère, » mon cher ami, me dit-il, je vais à » l'église ; M. l'abbé m'a promis de m'ac» corder ce soir l'absolution. Puis, éle» vant la voix, je n'ai plus qu'une grâce » à demander à Dieu. Que je meure à » présent, tout pécheur que je suis, si je

» ne suis pas en état de la recevoir digne-
» ment. » Je me jette au cou de mon
frère : « Va vite, mon enfant, cours;
» je ne doute pas que Dieu ne bénisse des
» sentimens aussi vifs et aussi purs. » Il
part. Je me prosterne devant Dieu, je
récitai le *Te Deum* : je ne l'ai jamais dit
avec tant de ferveur.

Sur le soir, il revint; une joie douce,
le calme le plus intéressant étoient peints
sur son visage. « Mon frère, me dit-il,
» que je suis heureux! M. l'abbé m'a
» permis de recevoir demain notre divin
» Sauveur : il m'a dit d'aller pour cela
» dans telle église, parce qu'il y a indul-
» gence plénière; priez bien pour moi. »
— Oh! mon enfant! lui dis-je, je t'en
» prie, va chez M. l'abbé, dis-lui que je
» désire d'avoir le bonheur de te donner
» la sainte communion, que je ne puis
» dire la sainte messe qu'à la paroisse,
» que je le conjure de m'accorder cette

» satisfaction. » Il part, il revient ; mon désir avoit été trouvé raisonnable. Nous convînmes de l'heure de ma messe, et il me quitta.

Il étoit à l'église avant moi le lendemain. J'entrai dans la sacristie, après m'être préparé dans le sanctuaire ; il m'y suivit. En entrant, il me pria de le réconcilier. Je m'entretins un instant avec lui ; c'étoient des inquiétudes d'une ame timorée. Je lui dis d'être tranquille. Il retourna à l'église. Quelle messe je dis ce jour-là ! J'étois tout feu, tout reconnoissance. Mère de mon Dieu ! vierge sainte ! c'étoit à votre auguste protection qu'il devoit son bonheur. Au milieu de ses désordres, il se souvenoit de la confiance qu'on lui avoit inspirée pour vous dans son éducation ; il vous invoquoit tous les jours par quelques prières, et c'étoit le jour de votre glorieuse Assomption, qu'il rentroit en grâce avec votre divin Fils.

Je l'entendois sangloter, tousser à tout instant; je pleurois moi-même. Les assistans ne comprenoient rien à tout cela; personne ne le connoissoit que de vue; on étoit attendri, édifié. Après mon action de grâce, on s'empresse de me demander ce que c'étoit que ce jeune homme. « C'est mon frère, disois-je. — » Comment, c'est votre frère? Mais vous » ne nous avez jamais dit que vous aviez » un frère ici. » On vouloit le voir; on me le demandoit partout : il prétextoit sa mauvaise santé, et n'alloit nulle part.

Je ne me rappelle aucune particularité de sa vie depuis l'Assomption jusqu'à Noël, mais seulement qu'elle étoit toujours très-soutenue et très-fervente. La veille de Noël, je sus qu'il désiroit d'assister à la messe de minuit; j'allai trouver M. l'abbé de L. G. Je le conjurai de lui défendre cette dévotion. Il étoit en effet dans un état de langueur qui m'alarmoit infiniment. M. l'abbé m'assura qu'il empêcheroit cette indiscrétion.

A minuit, je vais dire la messe à la paroisse. Je monte au saint autel. Quelle est ma surprise ! j'entends tousser mon frère ; je l'aperçois même. J'en fus vivement affecté : il me causa bien des distractions. Après les messes, il vint à la sacristie. Je ne pus m'empêcher de lui dire avec émotion : « Mon frère, voilà
» une dévotion très-mal entendue ; l'obéis-
» sance devoit captiver votre volonté. On
» vous avoit ordonné de vous coucher ;
» vous avez voulu être à l'église : ce n'est
» point là de la vertu. — Mon frère, me
» dit-il, je vous assure que M. l'abbé me
» l'a permis. » Je lui reprochai qu'il manquoit de sincérité ; que j'étois sûr du contraire. Il persista à me dire qu'il avoit obtenu cette permission, et cela avec tant de douceur, qu'il me désarma.

« Mon ami, tu m'as bien fait de la

» peine, lui dis-je. » Je l'embrassai, il
se retira.

Le lendemain, j'allai voir M. l'abbé:
« Comment, Monsieur, mon frère étoit à
» la messe cette nuit ! — Mon cher ami,
» me dit-il en riant ; je n'ai pu y tenir.
» Que je vive quelques jours de plus ou
» de moins. m'a-t-il dit, qu'importe ?
» Au moins que je serve Dieu, tant que
» je vivrai. » J'adorai Dieu intérieure-
ment ; je fus très - attendri et je me tus.

Cependant la santé d'Armand s'affoi-
blissoit plus considérablement, sa toux
étoit plus violente, sa fièvre plus opiniâtre ;
il tomboit à vue d'œil. J'avois déjà écrit
à ma mère ; je lui avois parlé des grâces
que Dieu avoit faites à son fils ; elle n'y
croyoit point : cette fois je l'en assurai si
positivement, je lui représentai si forte-
ment le besoin qu'il avoit de ses soins
maternels, qu'elle consentit à ce qu'il re-
vînt chez elle.

Je ne pus le conduire moi-même ; ainsi je ne sais point comment il se comporta en rentrant chez ma mère : je puis bien garantir cependant qu'il s'y prit comme un saint. J'en avois souvent des nouvelles. Il édifioit toute la ville ; on ne parloit que de sa conversion. Sa dévotion particulière étoit la visite des prisonniers ; il les aimoit tendrement ; il leur donnoit tout ce qu'il avoit ; il leur parloit avec transport des miséricordes du Seigneur ; il n'y en avoit pas un qu'il ne crût moins criminel que lui ; il l'assuroit. C'étoit son grand argument pour animer leur confiance en Dieu et les ramener à la vertu.

Il passa ainsi son temps jusqu'au mois de mai 1765 : ses maux parvinrent à leur terme à cette époque. Jusqu'à sa fin cependant il ne garda jamais le lit : tout foible qu'il étoit, il sortoit encore pour entendre la sainte messe ; il entroit, en revenant, dans ses chères prisons : quelquefois il visitoit nos voisins.

Les derniers jours de mai, il commença à éprouver des foiblesses, indices de sa fin prochaine. Il se confessa et reçut le saint viatique. J'eus le malheur de ne me point trouver à cette action. Ma mère, mes frères, une de mes sœurs m'ont rapporté ce que j'en vais dire.

Il se fit coîffer, il demanda ses habits les plus propres. Quand il fut habillé, il entra dans un recueillement profond. Aussitôt qu'il entendit la sonnette, il se leva, se mit à genoux au milieu de la salle, près de la table préparée pour le saint Sacrement. Il ne pouvoit se soutenir sans aide: Ce fut dans cette attitude qu'il reçut Notre-Seigneur. Tous les assistans fondoient en larmes; on ne parloit que de sa piété et de sa vertu.

Je ne fus averti de l'extrémité où il étoit que le 29 sur le soir. J'arrivai auprès

de lui le 3o au matin. Sitôt qu'il me vit,
il se leva, se jeta à mon cou. « Ah! mon
» ami! » Il tomba en foiblesse. Quand
cet accident fut passé, il demanda à être
seul avec moi; on se retira. Il me parla
de deux anciens camarades dont je vous
raconterai l'histoire à la fin de cette lettre.
Ensuite il ajouta : « Mon frère, je vais
» mourir; je ne crains pas la mort.
» Croyez-vous que je n'aie pas trop de
» confiance en Dieu? Vous me connois-
» sez. — Non, mon ami, lui dis-je; je
» ne désire que de voir ton espérance
» s'accroître, s'il se peut. Cependant j'ai
» fait une réflexion; il est essentiel que
» je te la communique. Je crains que tu
» n'aies oublié de réparer une grande
» faute; tu en as le temps encore; pro-
» fites - en. — Qu'est-ce donc, mon
» frère? — Mon ami, te souviens - tu
» qu'en arrivant ici du collège de
» Louis - le - Grand, tu voulois cacher

» l'horreur de tes funestes égaremens,
» en imputant à la dureté de tes maîtres
» ta mauvaise santé? Tu disois qu'on
» t'avoit maltraité, mal nourri, et cent
» autres calomnies. Ton confesseur est
» là, veux-tu que je l'appelle? Il exigera
» sans doute qu'en présence de toute la
» famille tu dises toute vérité à cet égard :
» c'est un devoir et une justice. » Mon
frère s'étoit confessé de cette faute l'an-
née précédente; il n'étoit point alors dans
le lieu, où elle avoit été commise : revenu
dans sa famille, quoiqu'il eût toujours
ses péchés très-présens, il n'avoit point
pensé à détruire l'effet de ses calomnies;
ou plutôt il n'avoit pu penser que sa mé-
chanceté et ses vices étant si connus, elles
eussent pu laisser aucune impression
contre ses maîtres. Il se détermina donc
sans peine à en faire l'aveu public.

Ma famille et quelques-uns de nos
amis étant rentrés avec son confesseur;

« Ma mère, dit - il, j'ai commis une
» atrocité dont je me repens devant Dieu;
» j'ai calomnié mes anciens maîtres, ils
» n'ont eu que des bontés pour moi, ils
» ne m'ont jamais donné que les meilleurs
» conseils, ma mauvaise sa nté est l'effet de
» mon libertinage ; dites-le, je vous prie,
» à tout le monde. — Mon fils, soyez
» tranquille, parlez peu. — Ma mère,
» ajouta-t-il, j'ai encore un grand chagrin,
» je vous ai causé de si grandes peines!
» et je n'aurai pas le temps de vous don-
» ner de la consolation. » Nous fondions
en larmes; ma mère s'enfuit.

Il parut assez calme jusqu'à cinq heures
du soir environ ; alors il tomba dans une
foiblesse qui dura près d'un quart d'heure;
nous tremblions tous. Quand il en fut
revenu, on l'engagea à se coucher; il y
consentit. Son confesseur lui proposa
l'extrême-onction ; il témoigna désirer
cette grâce avec empressement. M. le

curé lui administra ce sacrement; il le reçut avec la piété la plus édifiante.

Sur les sept heures, j'engageai ma mère à se retirer : elle étoit accablée de fatigue. Mes frères s'en allèrent chez eux. Le malade étoit tranquille, nous nous flattions qu'il vivroit encore au moins jusqu'au lendemain.

Effectivement, jusqu'à dix heures tout étoit fait pour nous calmer. J'allois de temps en temps en dire des nouvelles à ma mère et à celle de mes sœurs qui demeuroit encore avec elle. Elles se couchèrent sans trop d'inquiétude : je restai seul avec la garde.

Je m'entretenois avec lui. Je n'oublierai jamais les marques d'amitié qu'il me donna. « Si Dieu me fait miséricorde, » disoit-il en me serrant la main, si je » vais en paradis, je demanderai à Dieu » de vous y revoir, mon cher ami. » Je l'entendois gémir, soupirer; il prioit avec

ferveur. « Mon ami, lui dis-je, ne te
» fatigue point, ton cœur est bien à
» Dieu : tu t'appliques trop, cela peut
» te faire mal. — Ah ! mon frère, c'est
» mon bonheur ; je voudrois penser à
» Dieu au moment même, où je rendrai
» le dernier soupir : cela ne sera pas
» long ; je me sens. » Il tenoit son crucifix des deux mains ; il le regardoit tendrement. J'allai m'asseoir. Un moment
après, je vis qu'il baisoit la croix, qu'il
la pressoit sur ses lèvres. Je m'approchai,
il expiroit.

Il étoit à peu près onze heures un quart.
Je me jettai à terre. Je voulois dire le
De Profundis ; mais je ne pus le pro-
noncer. Il me vint en pensée de dire le
Te Deum, et je le récitai avec une consolation que je ne puis rendre. Je me
livrai ensuite à mes réflexions : quelle
matière !

Sur le minuit, je proposai à la garde

de l'ensevelir. J'ai bien vu des personnes mortes et mourantes ; il me semble qu'alors tous les nerfs s'alongent. Les bras de mon cher défunt étoient froids ; cependant ses deux mains étoient fixées sur son visage, sur lequel elles pressoient encore son crucifix. J'en fus étonné ; cela ne me parut pas naturel. J'avouerai que je n'osai faire part de ma remarque. Je crois cependant que par respect je ne dérangeai rien à son attitude, que même je lui laissai son crucifix. Vous m'accusez peut-être de barbarie, Monsieur, d'avoir enseveli mon frère de mes propres mains. Dieu sait que je le regardois comme un saint, que son corps étoit une relique précieuse pour moi. Cette pensée dominoit mon ame et suspendoit tout autre sentiment.

Sur les six heures, j'entrai dans la chambre de ma mère ; je lui demandai, avec la tristesse peinte sur le visage, com-

ment elle avoit passé la nuit. Elle san-
glota, et je m'enfuis. J'allai chercher
mes frères, leurs femmes et ma sœur;
nous entrâmes tous chez ma mère dans
le silence d'une douleur profonde.

Armand nous avoit priés la veille de ne
toucher à rien de son pupître, tant qu'il
vivroit; mais après son décès, nous de-
vions, nous avoit-il dit, trouver un pa-
pier cacheté, son nom sur l'enveloppe;
il devoit être lu en famille. Nous l'ou-
vrîmes : c'étoit sa confession générale.
Elle étoit souvent apostillée de la main
de M. l'abbé de L. G.; j'en reconnus
l'écriture. Nous délibérâmes : sa volonté
étoit précise. Nous fîmes la lecture en-
tière. Il nous conjuroit de réparer ses
torts.

— Toutes ses intentions ont été remplies.
Le 2 juin, le matin, on fit son inhu-
mation. C'est l'usage dans le pays qu'à
l'enterrement d'un jeune homme ce

soient des jeunes gens qui portent les coins du drap. Nous en fîmes inviter quatre de nos amis. Un d'eux se rappela qu'en présence de plusieurs personnes, chez M. l'avocat du Roi, notre voisin, mon frère lui avoit dit, plus de quinze jours auparavant : « Monsieur, je vous ferai pas» ser une mauvaise matinée le 2 juin. » Je ne sais plus comment cela fut pris ; mais le fait m'a été raconté par plusieurs témoins : la personne à qui il a tenu ce propos vit encore.

Je vous ai promis, Monsieur, de vous parler de deux camarades de mon frère, dont il fut question dans le dernier entretien que j'eus seul avec lui. Il se reprochoit les mauvais exemples qu'il leur avoit donnés, les fautes qu'il avoit commises avec eux. « S'ils ne sont point con» vertis, ils me reprocheront un jour leur » enfer. » Il me les nomma, me conjura de les voir, de leur parler de ses regrets,

des tendres bontés de Dieu pour lui.
« Mon frère, ajouta-t-il, vous m'aimez,
» assurez-moi que vous ferez tout pour
» les rappeler à la vertu. Vous me le pro-
» mettez? — Oui, mon enfant; compte
» sur mon zèle. » Il m'embrassa tendrement.

Dans les premiers jours de juillet, je
partis pour Paris. Je m'informai de la
demeure d'un des jeunes gens. J'appris
que ses parens lui avoient fait prendre
l'état ecclésiastique, qu'il étoit dans un
séminaire. J'y courus. Je ne crois pas
avoir vu un enfant d'un extérieur plus
intéressant. Je lui dis que je venois pour
exécuter à son égard le testament secret
d'un de mes frères qu'il avoit connu au
collège de Louis-le-Grand. Je me nom-
mai, il jeta un cri : « Quoi! il est mort?
— Oui, mon cher, lui dis-je, trouvez
» bon que je vous fasse part des miséri-

» cordes infinies que Dieu a exercées en-
» vers lui. »

J'entrai dans tous les détails; j'insistai
sur les plus touchans ; j'y mis toute l'é-
nergie dont mon ame étoit capable. L'enfant pleuroit beaucoup, mes larmes cou-
loient aussi en abondance.

Il jetoit à tout instant de profonds sou-
pirs : « Eh bien ! lui dis-je , mon enfant,
» que dit votre cœur? —Ah! Monsieur, je
» suis encore bien plus coupable que lui.
» Où demeurez-vous ? Il y a long-temps
» que je désire de dévoiler mon malheu-
» reux cœur : vous m'inspirez tant de
» confiance ! Voulez-vous me permettre
» d'aller chez vous? » Nous nous don-
nâmes rendez-vous au clos des PP. Char-
treux.

Il s'y promenoit déjà près de la porte,
quand j'arrivai. Il me peignit son ame
avec une naïveté touchante ; je lui indi-
quai les moyens qu'il devoit prendre.

Comme je partois incessamment, je le menai chez un des directeurs de son séminaire, qu'il ne connoissoit que de nom. J'avois été à portée d'apprécier tout son mérite : c'est un homme d'une humilité profonde; ses vertus, ses talens ne sont pas assez connus. Il voulut bien répondre à nos désirs; il s'y prêta avec tant de zèle, avec tant de douceur, qu'il gagna toute la confiance du jeune homme. Je partis très-content de mon voyage.

Nous nous écrivions de temps en temps. Il étoit d'une piété à la fois tendre et élevée. Un jour que j'étois en retraite au séminaire de mon diocèse, un jeune homme de ma connoissance, qui demeuroit à Paris avec mon jeune ami, vint me voir; je ne sais plus pour quel motif, car j'étois peu lié avec lui. Je lui demandai s'il connoissoit M. de ***. Il m'apprit qu'il venoit de mourir ; il ajouta : « Ce » jeune homme étoit aimable au possi-

» ble, vif, enjoué, charmant. On prétend
» qu'un jour il est venu un ecclésiastique
» lui tourner la tête : depuis ce temps,
» il a forcé son caractère ; il est devenu
» trop dévot : il s'est tué par des péniten-
» ces excessives. » Mon Dieu! disois-je
en moi-même, voilà comme les hommes
interprètent tout en mal, que leurs juge-
mens sont faux ! J'étois sûr que son directeur étoit rempli de prudence et de dis-
crétion, et que l'enfant étoit très-docile ;
mais il étoit naturellement délicat et usé
par ses désordres passés. Il mourut à peu
près de la même maladie que mon frère.

Hélas! j'ai fait les mêmes démarches,
les mêmes efforts près de l'autre jeune
homme : j'étois dans la province à portée de le suivre. J'ai tout tenté, je n'ai
pas réussi ; son esprit étoit aussi cor-
rompu que son cœur : il professoit publi-
quement les détestables maximes de nos
philosophes prétendus. Il est bien rare

que ces blasphémateurs trouvent grâce devant Dieu. Les maux, les adversités qui l'accablent seront peut-être plus éloquens que moi. *Castigasti me, et eruditus sum.* Je le souhaite de tout mon cœur.

Monsieur, j'ai rempli vos intentions. Si vous communiquez ma lettre, je vous conjure de me recommander aux prières de ceux qui pourront en être édifiés. J'ai l'habitude de compter sur les vôtres, comme vous voulez bien être assuré des sentimens respectueux avec lesquels je suis, etc.

FIN.

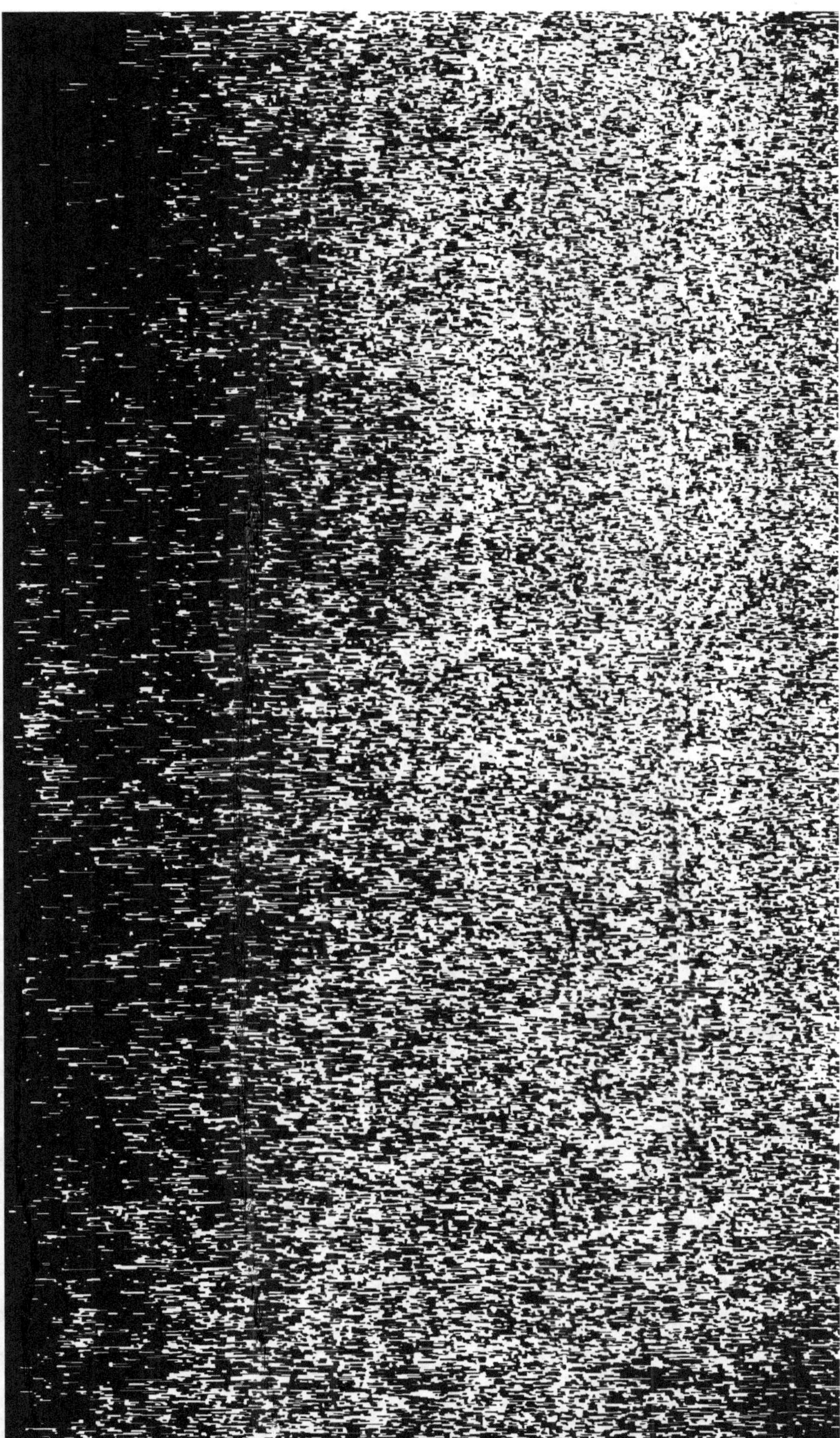

www.ingramcontent.com/pod-product-compliance
Lightning Source LLC
Chambersburg PA
CBHW061333060726
47596CB00003B/1225